BEI GRIN MACHT SICH IHR WISSEN BEZAHLT

Steven Schmidt

Automatisierung in der Videoüberwachung

GRIN Verlag

Bibliografische Information der Deutschen Nationalbibliothek:

Die Deutsche Bibliothek verzeichnet diese Publikation in der Deutschen National-
bibliografie; detaillierte bibliografische Daten sind im Internet über http://dnb.d-
nb.de/ abrufbar.

Impressum:

Copyright © 2012 GRIN Verlag GmbH
Druck und Bindung: Books on Demand GmbH, Norderstedt Germany
ISBN: 978-3-656-76492-2

Dieses Buch bei GRIN:

http://www.grin.com/de/e-book/281791/automatisierung-in-der-videoueberwachung

GRIN - Your knowledge has value

Der GRIN Verlag publiziert seit 1998 wissenschaftliche Arbeiten von Studenten, Hochschullehrern und anderen Akademikern als eBook und gedrucktes Buch. Die Verlagswebsite www.grin.com ist die ideale Plattform zur Veröffentlichung von Hausarbeiten, Abschlussarbeiten, wissenschaftlichen Aufsätzen, Dissertationen und Fachbüchern.

Besuchen Sie uns im Internet:

http://www.grin.com/

http://www.facebook.com/grincom

http://www.twitter.com/grin_com

Automatisierung von ereignisgesteuerter Parametrisierung in der Videoüberwachung

Projekt-Bericht

vorgelegt am
08.10.2012

an der
Hochschule für Wirtschaft und Recht Berlin
Fachbereich 2

von	*Steven Schmidt*
Bereich:	*Wirtschaft*
Fachrichtung:	*Wirtschaftsinformatik*
Studienjahrgang:	*2011*
Studienhalbjahr:	*2*

| INHALTSVERZEICHNIS

▌ 1 Einleitung

Der vorliegende Praxistransferbericht beschäftigt sich mit Lösungen der Automatisierung im Allgemeinen und einem Anwendungsfall im Ausbildungsbetrieb im Konkreten. Auf den nächsten Seiten soll ein Einblick in die vielfältigen Lösungsmöglichkeiten der Automatisierungstechnik gegeben werden, welche in fast allen Lebenslagen Anwendung finden. Sei es die Ampelschaltung an der Verkehrskreuzung, die Steuerung der Straßenbeleuchtung, die industrielle Fertigung von diversen Erzeugnissen, oder Fahrzeugeinstellungen, die in Unwissenheit des Fahrers während der Fahrt verändert werden – all diese Prozesse laufen mittlerweile automatisiert, prinzipiell also nicht von Menschenhand gesteuert, ab. Dabei soll auch erklärt werden, was Automatisierung genau bedeutet und was für zukünftige Einsatzmöglichkeiten sich noch ergeben könnten.

Daraus ergibt sich der Hintergrund dieser Arbeit: Der Zusammenhang zwischen Automatisierungstechnik und Videotechnik. Dieser wird in dem an die Einleitung anschließenden Kapitel erläutert bzw. begründet und die Idee der Entwicklung einer entsprechenden Softwarelösung aus kombinierten Systemen wird verdeutlicht. Nachdem dem Leser gezeigt wurde, worauf die größtenteils noch theoretischen Gedankengänge in dieser Arbeit einmal hinauslaufen sollen, werden konzeptionelle Ansätze zur Umsetzung der ereignisgesteuerten Parametrisierung einer Kamera auf automatisierter Basis gebildet und ansatzweise in im Ausbildungsbetrieb implementierter Form gezeigt bzw. beschrieben. Bei der Arbeit stehen die Erkenntnisse der Analyse- und Entwurfsphase der Software-Entwicklung im Vordergrund, wohingegen Implementierung und Test als Teile des Software-Lifecycle im Unternehmen zwar konzeptionell erfolgten, jedoch nur der Erkenntnisgewinnung dieses Projektes der angewandten Forschung dienen.

Im Fokus der Aufgabenstellung des Betriebes stand die Schaffung einer Übersicht über die Einsatzmöglichkeiten aus der Kombination von Strukturen der Automatisierungstechnik und der Videotechnik vor dem Hintergrund einer kostengünstigen Lösung, die alternativ zu bereits bestehender, preisintensiver Software zur Kamera-Automatisierung auf dem Markt angeboten werden soll. Der hohe Individualisierungsgrad einer im Anschluss an diese Forschungsarbeit entwickelbaren, schlanken und einfach zu implementierenden bzw. modifizierenden Software soll dabei einen weiteren Kaufanreiz für klein- und mittelständige Unternehmen darstellen, da die Dienstleistung kostengünstiger und angepasster als breitflächige Lösungen angeboten werden kann.

2 Einführung in die Thematik

2.1 Automatisierung im Allgemeinen

DIN 19233 beschreibt einen Automaten als „ein künstliches System, das selbstständig ein Programm befolgt. Der Mensch ist nicht mehr streng in den zeitlichen Ablauf des Prozesses integriert."[1] Das System ist künstlich, da es von Menschenhand geschaffen wurde, verfolgt aber das Ziel, dem Menschen seine Arbeit zu erleichtern. Automatisierte Arbeits- und Verfahrensabläufe bieten, ausgestattet mit dem richtigen Programm, eine ganze Reihe von Vorteilen, wobei die nachfolgenden Beispiele lediglich einen Auszug darstellen:

- Automatisierte Prozesse entbehren Arbeitskräfte, denn
- gefährliche oder monotone und sich oft wiederholende Abläufe müssen nicht von (über-) qualifiziertem Personal ausgeführt werden, dieses kann ersetzt werden[2]
- Programme können über eine Fehleranalyse und –Behandlung verfügen und so die Wartbarkeit vereinfachen

Um diese Vorteile und auch die Automatisierung überhaupt gewährleisten zu können, sind gewisse Grundvoraussetzungen nötig. Dazu zählt, dass das Programm bzw. das System, auf dem die Software läuft, über Eingangs- und Ausgangsgrößen verfügt, um selbständig Befehle befolgen und Entscheidungen fällen zu können.[3] Entsprechende bedingte Schaltungen leiten hier von Eingangsgrößen abhängige Vorgänge ein, die schließlich in Resultaten an den Ausgangsgrößen münden und so gegebenenfalls durch Schnittstellen zu anderen Systemen weitere Prozesse einleiten. Dabei durchläuft der Automat verschiedene Zustände, die dynamisch oder statisch erfasst werden können, beginnend bei einem Anfangs- und einem oder mehreren akzeptierten Endzuständen. Eine entsprechende Notation hierzu könnte Tür_geht_auf für eine dynamische, oder Tür_ist_auf für eine statische Beschreibung lauten. Transitionen, die wiederum an vom Ersteller definierte Bedingungen geknüpft sind, leiten dabei die Übergänge zwischen den verschiedenen Zuständen ein.[4] Die Bedingung Türkontakt_ist_an würde für das genannte Beispiel so den Zustand Tür_ist_auf einleiten können. Eine Kombination aus mehreren solchen Bedingungen, versehen mit diversen Ein- und Ausgangsparametern, ermöglicht die Automatisierung von komplexen Sachverhalten und größeren Anlagen in nahezu allen Bereichen des täglichen Lebens.

---

[1] Vgl. Pritschow, Günter (2006), S. 1.
[2] Vgl. ebenda.
[3] Vgl. Wellenreuter, Günter u. Zastrow, Dieter (2008), S. 1.
[4] Vgl. ebenda, S. 443.

2.2 I/O-Systeme und speicherprogrammierbare Steuerungen

Das Programm zur Ansteuerung der Zustände und Umsetzung entsprechender Folgemaßnahmen befindet sich dabei auf robusten und widerstandsfähigen Industrie-Computern bzw. Speicherprogrammierbaren Steuerungen (SPS).[1] In diesem Abschnitt werden nachfolgend die Speicherprogrammierbaren Systeme genauer betrachtet, da die Betrachtung aller Automatisierungsmöglichkeiten den Rahmen der Arbeit sprengen würde und auch nicht im primären Fokus der Forschung im Ausbildungsbetrieb lag.

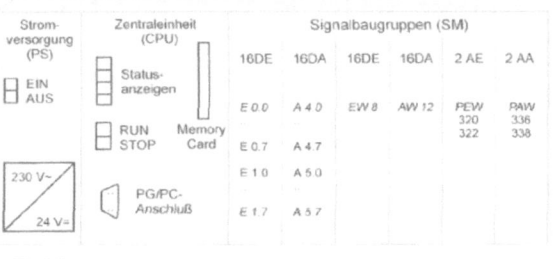

Abb. 1 grundlegender Aufbau einer SPS

Quelle: Wellenreuter, Günter u. Zastrow, Dieter (2008), S. 9

Die hier gezeigte Abbildung verdeutlicht den grundlegenden Aufbau Speicherprogrammierbarer Steuerungen. Die Elemente ähneln denen eines herkömmlichen Rechners, so verfügt der Feldbuscontroller über eine Stromversorgung, eine CPU und internem Speicher (RAM und eEPROM). Die Signalbaugruppen, auch Feld genannt, sind in digitale Eingabe – und Ausgabegruppen unterteilt, modular aufgebaut und können dadurch beliebig in Anzahl und Anordnung erweitert oder vermindert werden. Sie werden über die Busklemmen, die an jedem Modul angebracht sind, vom Feldbuscontroller aus mit Spannung versorgt und kommunizieren so auch mit diesem. Die Ein- und Ausgänge des Feldes gewährleisten dabei die Kommunikation mit anderen Geräten und sind, je nach Anwendungsgebiet, verschieden aufgebaut. Die Firma WAGO bietet digitale und analoge Klemmen, sowie Klemmen für Antriebs- und Gebäudetechnik, die jeweils unterschiedliche Protokolle und Kommunikationswege unterstützen. Zur Kommunikation des Controllers mit einem Programmier-PC dient eine serielle Schnittstelle bzw. bei neueren Modellen ein Ethernet Port. Das Programmieren einer SPS wurde durch DIN/EN 61131-3 normiert und folgt so, software- und plattformunabhängig, einheitlichen Prinzipien und Funktionen, Vorgehensweisen und Organisationsprinzipien.[2]

---

[1] Vgl. Wellenreuter, Günter u. Zastrow, Dieter (2008), S. 1.
[2] Vgl. ebenda, S. 19.

Als Entwicklungsumgebung eignet sich dabei in besonderer Weise die Software CoDeSys, kurz für Controller Development System. Mit ihr lassen sich alle Sprachen der genannten Norm, also Strukturierter Text und Anweisungsliste als Textsprachen, sowie Funktions-bausteinsprache bzw. Kontaktplan als grafische Sprachen und Ablaufsprache als überge-ordnete Umsetzung, objektorientiert implementieren.[1] Die modulgerechte Exportfunktion, der sauber getrennte Teil zwischen Variablendeklarierung und Programmimplementierung und die Zielsystemflexibilität durch exportier- und importierbare Zielsystemeinstellungen, also Hardwarekonfigurationen, zählen dabei zu den markanten Punkten, die der Software einen Vorteil gegenüber anderen Entwicklungsumgebungen bringen. Die objektorientierte Implementierung abstrahiert Funktionsblöcke und eigene Strukturen dabei als Objekte. Für einen Einblick in die Entwicklungsumgebung kann hierzu die Abbildung Anhang 1 herangezogen bzw. der Installer auf dem beigefügten Datenträger genutzt werden.

Über einen Gateway- bzw. DDE-Server wird das Programm schließlich, nachdem es von der Software kompiliert und auf Fehler geprüft wurde, über Ethernet auf den Controller geladen. Alternativ kann die COM-Schnittstelle des Controllers genutzt werden.[2] Die Entwicklungsumgebung bietet hierbei die Möglichkeit, das Programm auf dem Controller zu starten bzw. zu stoppen und die Variablenbelegung in Echtzeit zu verfolgen. Zur Ge-währleistung der Persistenz verfügt die Software weiterhin über die Funktion, das Pro-gramm in den eEPROM des Controllers zu laden und als sogenanntes Boot-Projekt bei Neustart des Systems sofort zur Verfügung zu stellen. Umgekehrt kann der Quellcode so auch aus dem Speicher auf den Programmier-PC geladen und ausgewertet bzw. modifi-ziert werden. Aus Sicherheitsgründen kann der Zugriff auf das Programm von daher mit einem Passwort versehen werden, um vor Sabotage oder unbefugter Kopie zu schützen. Auch der Web-Zugriff auf den Controller wird über eine Benutzername-Passwort-Kombination geschützt.

2.3 Schnittstellen mit der Videotechnik

Closed Circuit Television (CCTV) stellt das Anwendungsgebiet der Automatisierung bei dieser Arbeit dar. Die Videoübertragung im geschlossenen Kreis, also unter einer begrenz-ten und ausgewählten Anzahl an Empfängern, beschäftigt sich mit der Observierung öf-fentlicher und privater Räume. Bewegungs- und Gesichtserkennung sowie Alarmierung über E-Mail oder SMS sind optionale Funktionen, welche die Kamera, je nach Hersteller, mit sich bringt. Hauptaugenmerk in der Sicherheitsbranche in Bezug auf Gebäude- und

---

[1] Vgl. Wellenreuter, Günter u. Zastrow, Dieter (2008), S. 19.
[2] Vgl. Smart Software Solutions (2007), S. 9 f. (siehe Internetverzeichnis).

Eigentumssicherung ist die Einhaltung folgender Schutzziele:

- Gefahrenprävention durch Abschreckung[1]
- Frühzeitiges Handeln durch Alarmierung und Identifizierung oder Lokalisierung von Gefahren
- Aufzeichnung und Dokumentation für etwaige Auswertungen[2]

Die meisten der heutzutage verwendeten Kameras sind unabhängig von seriellen Schnittstellen auch über einen Ethernet-Port ansprechbar und folgen Standard-IP und –HTTP Protokollen, um im LAN oder WAN und über das Internet kommunizieren zu können. Die Kamera funktioniert dabei als eigenständiger Server mit einer zugewiesenen IP-Adresse im Netzwerk. Über ein Common Gateway Interface, welches Webseiten dynamisch erstellt und so die Ressourcen des angefragten Servers schont[3], und einer HTTP-API, welche die auszuführenden Funktionen definiert, kann so mit dem Kamera-Server kommuniziert werden.[4] Neben einer web-basierten Ansicht bei Einwahl direkt auf den Server können so per HTTP-Request Parameter in der Kamera angepasst werden. Bei dem Hersteller AXIS sieht das Schema für solch einen POST-Request wie folgt aus:

```
http://<servername>/axis-cgi/param.cgi?action=list[&<argument>=<value>...]
```

Abb. 2 Struktur eines beispielhaften Status-Requests
Quelle: AXIS Communications (2008), S. 11ff. (siehe Internetverzeichnis)

Die zusätzlichen Argumente beschränken sich bei dieser Form der Anfrage auf Gruppennamen der Parameter, die sich auf dem Server befinden, und den Kameraserver selbst. Die Antwort, der Response, erfolgt bei diesem Hersteller in einfacher Textform auf HTML-Basis. Parametrisierbare Einstellungen stellen hier z.B. Belichtungszeit (MaxExposure), Lichtempfindlichkeit (MaxGain) oder der Infrarotfilter (IrCutFilter) dar, die entweder über Zahlenwerte oder boolesche Werte modifiziert werden. Über action=update wird so jeder Parameter (argument) mit einem entsprechenden Wert (value) belegt, der Befehl folgt dabei dem oben gezeigten Schema. Zu automatisierende Anwendungsbeispiele stellen in der Videotechnik z.B. eine vollautomatische Tag-Nacht-Umschaltung, Benachrichtigungen bei Bewegungserkennung oder, bei beweglichen Kameras, das gezielte Schwenken auf eine vordefinierte Position dar.

---

[1] Vgl. The Apache Software Foundation (2004) S. 8 (siehe Internetverzeichnis).
[2] Vgl. AXIS Communications (2008) S. 7 (siehe Internetverzeichnis).
[3] Vgl. Hempel und Töpfer (2007) , S. 8 (siehe Internetverzeichnis).
[4] Vgl. Bundesamt für Sicherheit in der Informationstechnik , BSI (2009) (siehe Internetverzeichnis).

▌ 3 Anforderungsanalyse

Um nun festzustellen, inwiefern die bisher erforschten Möglichkeiten für eine Projektrealisierung bei einem Kunden ausreichen, soll im Folgenden ein beispielhaftes Szenario vorgestellt werden, dass die bestehende Infrastruktur eines Beispielkunden und dessen Anforderungen an das Projekt repräsentiert. Da mit der vorgestellten Technik bisher noch keine Projektrealisation im Ausbildungsbetrieb erfolgt ist, muss dabei auf Erfahrungswerte aus der Praxis der verantwortlichen Mitarbeiter und den aus Rückschlüssen daraus gebildeten Annahmen zurückgegriffen werden.

3.1 Typische Anforderungen eines Kunden

Eine Idee, die im Rahmen der Überlegungen zur Umsetzung im Ausbildungsbetrieb sofort aufkam, war die Parametrisierung von Netzwerkkameras. Da hier aus dem Aufgabenfeld des Ausbildungsunternehmens resultierend bereits Vorkenntnisse zur Thematik vorhanden sind, konnte so darauf aufgebaut werden. Der Wunsch vieler Kunden ist, eine Tag- und Nachtumschaltung der Kameras zentral zu gewährleisten und dabei bestehende Strukturen bzw. kostengünstige Komponenten zu nutzen. Da der Kunde Arbeitskräfte sparen möchte und die gleichzeitige Umschaltung aller Kameras sonst nicht möglich ist, soll diese Umschaltung vollautomatisch funktionieren, dennoch wird sich die Möglichkeit vorbehalten, über eine Web-Visualisierung den Status der Kameras prüfen bzw. gegebenenfalls ändern zu können. Zudem soll die Visualisierung auf mehreren Geräten zur Verfügung stehen, damit auch Personal während eines Rundganges von mobilen Endgeräten aus parametrisieren und das Kamerabild aufschalten kann.

3.2 Bewertung der erforderlichen Infrastruktur

Klassischer Weise befinden sich die Netzwerk-Kameras und etwaige Peripherie in einem eigenen Netzwerk innerhalb der Infrastruktur des Kunden. Der autarke Aufbau ermöglicht grundlegend den Schutz gegenüber Zugriffen von außen bzw. durch Unbefugte. Die Parametrisierung dieser Kameras und Komponenten erfolgt dabei bisher über die systemeigenen Funktionen, so z.B. bei der automatischen Einstellung der Belichtungszeit oder der Bewegungserkennung, allerdings mit geringerem Leistungsumfang im Vergleich zu alleinstehender Software. Die Kameras verfügen über statische IPs, befinden sich im gleichen Subnetz und können einzeln angesprochen werden. Zur Realisierung der Tag- und Nachtumschaltung wurden noch keine Maßnahmen seitens des Kunden getroffen und sind durch den Ausbildungsbetrieb zu projektieren, woraufhin eine Angebotserstellung erfolgt.

Für die Realisierung des Projektes eignet sich ein speicherprogrammierbares System in besonderer Weise, da der zentralistische Charakter des Aufbaus der dafür notwendigen Infrastruktur sowie die Simplizität der Installation, Bedienung und Wartung ganz klar heraussticht: Durch die Unterstützung aller relevanten Ethernet-Protokolle kann das Kamera-Netzwerk genutzt und eine oder mehrere Kameras parametrisiert werden, ohne neue Kommunikationswege schaffen zu müssen. Licht-Sensoren und andere Messelemente für die Aufnahme von Ereignissen können durch die simple Verdrahtung unter Beachtung der Funktionsansprüche beliebig platziert werden und durch die modulare Aufbauweise des Systems können spätere Ergänzungen an der Ausstattung des Kunden beliebig hinzugefügt werden. Verschiedene Feldelemente wie digitale Eingangsklemmen mit 16 Kanälen oder Funkempfänger bieten dabei Spielraum für einen platzsparenden und wenig aufwändigen Aufbau, was bauliche Systemgröße und Verdrahtung angeht.

Dementsprechend hinzukommende Licht-, Klima- oder Jalousiesteuerung, bzw. auch andere Ideen des Kunden oder Vorschläge des Ausbildungsbetriebes, können so problemlos zentral verwaltet und bedient werden. Jedoch muss beachtet werden, dass bei steigenden Ansprüchen an den Funktionsumfang auch wahrscheinlicher wird, in eine leistungsfähigere Hardware bezogen auf den Feldbuscontroller zu investieren, da der sehr begrenzte Speicher von in der Regel 512.000 Byte schnell aufgebraucht ist, insbesondere, wenn, wie hier vorgeschlagen, weitere Aufgabengebiete die Gebäudetechnik betreffend hinzukommen.

3.3 Teilfazit

Die Rolle der Firma Axis als Marktführer im Bereich der CCTV-Technik macht es wahrscheinlich, dass die Netzwerk-Kameras des Kunden von diesem Hersteller stammen und somit die zuvor erläuterte VAPIX-HTTP-API unterstützen. Sollten noch keine Kameras installiert sein, so wird nach Möglichkeit versucht werden, entsprechende Modelle des benannten Herstellers anzubieten. Netzwerkkameras von anderen Herstellern verfügen ebenfalls über entsprechende Common Gateway Interfaces, sind syntaktisch aber anders anzusprechen.[1] Die Einführung des vom Ausbildungsbetrieb entwickelten und hier beschriebenen kombinierten Systems ist vollkommen ausreichend für die vom Kunden gestellten Anforderungen und überzeugt zudem durch den vielfältigen Funktionsumfang, den hohen Kompatibilitätsgrad und die Möglichkeit der einfachen, späteren Erweiterung auf Basis des dann bereits vorhandenen, hier beschriebenen I/O-Systems.

---

[1] Vgl. bspw. Sony Corporation (2010), S. 4 ff.

▎4 Entwicklung des Konzeptes zur Automatisierung

4.1 Grundlegende Herangehensweise

Nachdem die erforderliche Hardware und die vorherrschende Infrastruktur analysiert sind, geht es jetzt darum, ein Automatisierungskonzept zu entwickeln, welches dann in Form einer Software realisiert wird. Die nächsten Schritte im Software-Lifecycle wurden im Ausbildungsunternehmen als praktischer Teil der Arbeit durchgeführt.

Da es im Wesentlichen darum geht, die Netzwerk-Kameras entsprechend der vorherrschenden Lichtverhältnisse geeignet zu parametrisieren, ist die Art der Erfassung dieser die erste Frage, die sich bei der Erarbeitung des Konzeptes stellt. Nach Rücksprache mit den hausinternen Technikern des Ausbildungsbetriebes ist davon auszugehen, dass ein sogenannter Dämmerungsschalter an der sonnenzugewandten Hausseite bei Unterschreitung eines definierten Lichtwertes ein dauerhaftes Signal gibt. Dementsprechend muss der Controller am betreffenden Eingang des Feldes eine steigende Signal-Flanke detektieren und auswerten können. Entsprechende Bausteine existieren dabei bereits in der Entwicklungsumgebung. Je nachdem, ob es sich bei dem Eingangssignal um eine steigende oder fallende Flanke handelt, denn bei Überschreitung des Lichtwertes wird die Sendung des Signals gestoppt werden, muss der Controller eine entsprechende Parametrisierung der betreffenden Kamera einleiten. Die Ansprache mehrerer Kameras in Folge stellt dabei den zweiten Schlüsselpunkt in der Design-Phase dar, wurde aber bereits erforscht und kann nach bisherigen Kenntnissen wahrscheinlich über die Kombination mehrerer POST-Bausteine ebenfalls realisiert werden.

Da es möglich sein soll, über eine Web-Visualisierung zu beobachten und zu manipulieren, stellt sich auch hier wieder die Frage des konzeptionellen Aufbaus. Nach bisherigen Erfahrungen im Betrieb empfiehlt sich hierbei die Trennung in Front- und Backend, wobei letzteres den Technikern zu Wartungszwecken vorbehalten ist und entsprechend passwortgeschützt aufgebaut werden muss. Design-Fragen das Frontend betreffend müssen dabei noch geklärt werden, die Anforderungen für das Backend hingegen sind klar und belaufen sich auf manuelle Parametrisierung, Neustarten und Aufschaltung einer einzelnen Kamera und einzelner Status-Abfragen. Um eine bessere Übersicht über die hier beschriebenen Anwendungsfälle zu erhalten, können das UML-Anwendungsfalldiagramm, befindlich in Anhang 2, sowie das Klassendiagramm der Entwurfsphase in Anhang 3 herangezogen werden.

4.2 Prototypische Ansätze zur Implementierung

Der objektorientierte Charakter der Software CoDeSys abstrahiert Funktionsblöcke als Objekte und macht sie so leichter zugänglich bzw. vielfältig nutzbar. Wie in Anhang 3 zu sehen, werden die elementaren Klassen DAYNIGHT, RESTART und GET_STATE als Objekte instanziiert und sollen in der Hauptklasse PLC_PRG aufgerufen werden. Diese Klassen sollen die Umschaltung von Tag zu Nacht, den Kameraneustart und die Statusabfrage der Kamera im beigefügten Projekt Demo_Tag&Nacht gewährleisten. Da sich die Funktionsbausteinsprache (CFC) für dieses Anwendungsgebiet besonders gut durch ihre grafische Präsentation und die Mitverfolgung der Werte in Echtzeit besonders zum Debugging eignet, sollen alle Hauptmethoden während der Forschung so implementiert werden. Hilfsmethoden, wie ARRAY_OF_BYTE_TO_STRING (siehe Datenträger) werden zur Ressourcenschonung und durch den differenzierten Funktionsumfang jedoch in Strukturiertem Text geschrieben.

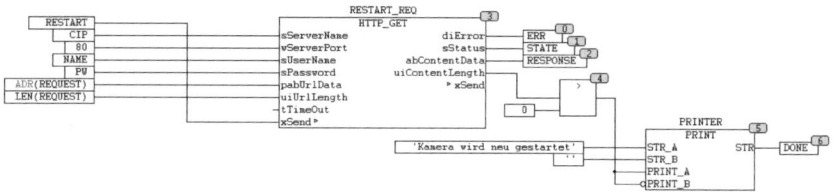

Abb. 3: Implementierung der Klasse RESTART in CFC

Quelle: Eigendarstellung

Wie in Abbildung 3 zu sehen ist, stellt sich die Programmiersprache als eine Art Schaltplan dar. Der Funktionsbaustein RESTART_REQ vom Typ HTTP_GET stellt über Port 80 einen HTTP-Request REQUEST an die IP Adresse der Kamera mit den entsprechenden Zugangsdaten NAME und PW, also dem Passwort. Der Response wird in das Byte-Array RESPONSE gelegt, von wo es als Ausgabe-Wert durch eine höhere Instanz weiterverarbeitet werden kann. Je nach Länge des Responses wird in die Kontroll-Variable DONE der String ‚Kamera wird neu gestartet‘ gelegt. Einen Response mit der Größe 0 erhält der Controller nur, wenn der Request fehlerhaft war oder bei der Kommunikation der Komponenten ein Fehler aufgetreten ist. In diesem Fall bleibt der String DONE gemäß der Schaltung von PRINTER vom Typ PRINT leer. Alle verwendeten Variablen sind dabei im Deklarationsteil über der grafischen Ansicht als Eingangs- bzw. Ausgangswerte definiert und können im auf dem Datenträger befindlichen Projekt eingesehen werden.

Diese Beispielklasse zeigt die grundlegende Implementierungsweise der Funktionsblöcke in der Entwicklungsumgebung und soll als repräsentatives Beispiel für die Entwicklung von Strukturen innerhalb dieser dienen. Nachfolgend soll nun die Ergonomie der Implementierung bei der Erstellung der Funktionsblöcke betrachtet werden.

4.3 Bewertung der Implementierungsphase

Die grafische Programmiersprache CFC gewährleistet eine gute Möglichkeit, das erstellte Programm visualisiert vor sich zu haben und während der Laufzeit Schritt für Schritt mit zu verfolgen. Die bausteinähnliche Aufbauweise macht es dabei verhältnismäßig einfach, grundlegende Strukturen und Ideen abzubilden und zu realisieren. Da jedoch höhere Funktionen, wie kopf- oder fußgesteuerte Schleifen, If- und Switch-Cases, fehlen, ist diese im Funktionsumfang stark begrenzt. Bei steigender Komplexität des Programmes wird die Visualisierung zunehmend unübersichtlich und die Möglichkeit der Echtzeitverfolgung wird durch die Verwendung gängiger Bildschirmgrößen limitiert. Von daher empfiehlt sich für höhere und komplexere Anwendungen die Programmiersprache Strukturierter Text, welcher durch die angesprochenen Funktionen performanter arbeiten kann.

5 Schlussbetrachtung der Forschungsarbeit

Die Betrachtung der Funktionsweise der (Netzwerk-)Videotechnik, der Speicherprogrammierbaren Systeme und der Kommunikation dieser untereinander und nach außen hat gezeigt, dass eine Kombination der Systeme durch genormte Standards und einfachste Mittel des Aufbaus im Bereich der Automation von ereignisgesteuerter Parametrisierung äußerst attraktiv ist. Die Erläuterung der konzeptionellen Vorgehensweise zur Umsetzung auf Basis der Erkenntnisse der Forschungsarbeiten im Ausbildungsbetrieb verdeutlichte zudem, dass die Implementierung der dafür notwendigen Software mithilfe der beschriebenen Entwicklungsumgebung ergonomisch und effizient ist, sowie Spielraum für den kreativen Einsatz der Steuerung in verschiedensten Netzwerken lässt. Zum Ende der Praxisphase und nach inhaltlicher Fertigstellung des vorliegenden Berichtes konnten die Anforderungen eines Kunden, der bereits über eine andere Softwarelösung verfügt, erfüllt und mit der beschriebenen Lösung zu Testzwecken erfolgreich realisiert werden. Diese Demo und ihre exportierbaren Bestandteile ebnen den Weg für zukünftige Projekte mit ähnlichen, möglicherweise aber auch vollkommen neuen Aufgabengebieten der kombinierten Systeme.

▌ Verzeichnis

Literaturverzeichnis

- **Pritschow Günter** (2006): Einführung in die Steuerungstechnik, München, 2006.
- **Wellenreuter Günter und Zastrow Dieter** (2008): Automatisieren mit SPS - Theorie und Praxis, Wiesbaden, 2008.

Internetverzeichnis

- **AXIS Communications** VAPIX Version 3 HTTP API, 01.12.2008, abgerufen am 17.02.2012, http://www.axis.com/files/manuals/VAPIX_3_HTTP_API_3_00.pdf.
- **Hempel Leon und Töpfer Eric** (2007): Arbeitspapier Nr. 15 - Videoüberwachung in Europa - Abschlussbericht, 07.05.2007, abgerufen am 10.09.2012, http://www.ztg.tu-berlin.de/pdf/URBANEYE_Abschlussbericht_Zusammenfassung_dt.pdf.
- **Bundesamt für Sicherheit in der Informationstechnik BSI** (2009): M 1.53 Videoüberwachung, abgerufen am 10.09.2012, https://www.bsi.bund.de/ContentBSI/grundschutz/kataloge/m/m01/m01053.html.
- **Smart Software Solutions** (2007): Handbuch für SPS Programmierung mit CoDeSys 2.3, 17.12.2007, abgerufen am 17.09.2012, http://www.wago.com/wagoweb/documentation/759/ger_manu/333/m933301d.pdf
- **Sony Corporation** (2010): CGI Command Manual, 15.11.2010, abgerufen am 29.09.2012, http://pro.sony.com.cn/productinfo/vs/downloads/SNC_5thGen_CGIManual180EN.pdf.
- **The Apache Software Foundation** (2004): The Common Gateway Interface (CGI) Version 1.1, abgerufen am 10.09.2012, http://tools.ietf.org/html/rfc3875.

Anhang

Anhang 1: Interface der Entwicklungsumgebung CoDeSys

Quelle: Eigene Darstellung

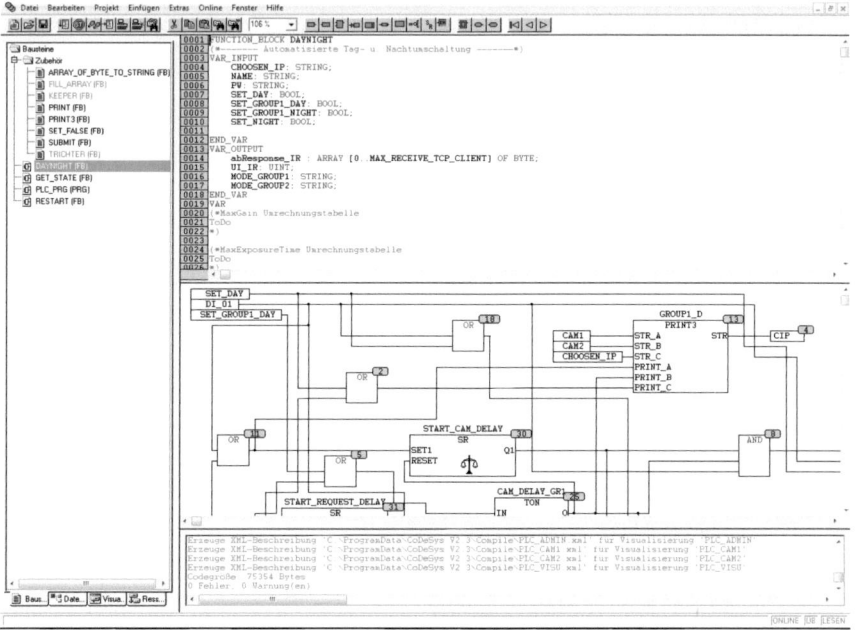

Anhang 2: Anwendungsfalldiagramm entsprechend den beschriebenen Anforderungen

Quelle: Eigendarstellung

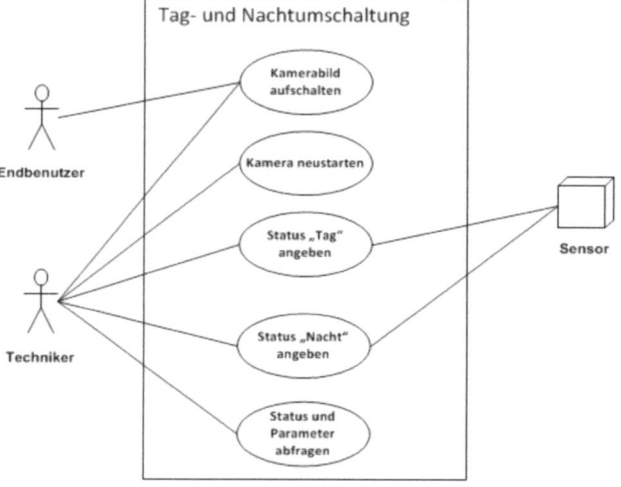

Anhang 3: Klassendiagramm der Entwurfsphase mit den wichtigsten Objekten des Projektes Demo_Tag&Nacht

Quelle: Eigendarstellung

MUSTER
VAR_INPUT
VAR_OUTPUT

PLC_PRG
VAR: GET_STATE (GET_STATE) TagNacht (DAYNIGHT) RESET (RESTART)

GET_STATE
CIP (STRING) NAME (STRING) PW (STING)
IRCUT_RESPONSE (ARRAY) MAXGAIN_RESPONSE (ARRAY) MAXEXPOSURE_RESPONSE (ARRAY)
IRRES_LEN (UINT) MAXGAINRES_LEN (UINT) MAXEXPRES_LEN (UINT)

RESTART
RESTART (BOOL) CIP (STRING) NAME (STRING) PW (STRING)
DONE (STRING)

DAYNIGHT
CHOOSEN_IP (STRING) CIP (STRING) NAME (STRING) PW (STRING) SET_DAY (BOOL) SET_NIGHT (BOOL) SET_SINGLE_CAM_DAY (BOOL) SET_SINGLE_CAM_NIGHT (BOOL)
abResponse_IR (ARRAY) UI_IR (UINT)